www.loqueleo.com/es

2018, Santillana Infantil y Juvenil, S. L.
Avenida de los Artesanos, 6. 28760 Tres Cantos (Madrid)
Teléfono: 91 744 90 60

ISBN: 978-84-9122-017-6
Depósito legal: M-37.546-2015
Printed in Spain - Impreso en España

Tercera edición: enero de 2018

Directora de la colección:
Maite Malagón
Editora ejecutiva:
Yolanda Caja
Dirección de arte:
José Crespo y Rosa Marín
Proyecto gráfico:
Marisol del Burgo, Rubén Chumillas, Julia Ortega y Álvaro Recuenco

¡Ay, cuánto me quiero!

Mauricio Paredes

Ilustraciones de Verónica Laymuns

Con mucho cariño,
para mi abuelita Beatriz.

Yo

¡Ay, cuánto me quiero! En realidad, para ser sincero, me amo. ¿Qué haría yo sin mí?

¡Qué suerte la mía, conocerme de toda la vida! Desde el día en que nací he estado conmigo. Prometo nunca dejarme solo. Me acompañaré siempre, donde sea que vaya.

Antes que yo naciera, mi mamá me tuvo dentro de ella durante nueve meses. ¡Qué afortunada! Fue la primera en conocerme. Desde entonces la he dejado ser mi mamá día y noche.

Ella y mi papá me quieren mucho. Tienen toda la razón, ya que soy adorable. Son personas muy inteligentes.

Mi papá lo pasa bien trabajando para comprar mi comida, mi ropa y mis juguetes. Si no fuera por mí, no tendría por qué ir a la oficina y se quedaría aburrido en casa. Por eso me preocupo de comer toda mi comida aunque no me guste tanto, de ponerme mucha ropa aunque me dé calor y de jugar con todos mis juguetes al mismo tiempo. ¡Qué buen hijo soy! Reconozco que los consiento demasiado, pero no puedo evitarlo, soy tan tierno.

El colegio me encanta. Yo sé que existen varios, pero no puedo estar yendo cada día a un colegio diferente. Me da pena por todos los niños que se quedan sin conocerme, pero yo solo puedo ir al mío.

Mi profesora es entretenida y simpática y siempre me pone buenas notas. Ella también fue niña hace mucho tiempo. Me imagino cuántas cosas estudió en el colegio y después en la universidad. Y todo para enseñarme a mí. ¡Qué orgullosa debe estar!

Después de las clases y los fines de semana, juego en mi habitación o en mi jardín. Me subo a mi árbol y me siento sobre una de mis ramas. Es verdad que las ramas le salieron al árbol, pero son mías igual, porque están en mi jardín. O sea, en el jardín de mi casa... Bueno, la casa es de mis papás, pero como yo soy de ellos, entonces también la casa es mía... y el jardín y también el árbol y por supuesto la rama. Lógico.

Sentado en mi rama ensayo mis discursos de agradecimiento, para cuando me entreguen todos mis premios, mis diplomas y mis medallas. «Gracias, gracias», digo. «Me doy gracias a mí mismo por mi apoyo. Todo me lo debo a mis propios méritos».

Otra cosa que hago es llamarme por teléfono, pero siempre suena ocupado. Seguramente es porque estoy haciendo cosas muy importantes, como, por ejemplo, llamarme por teléfono.

Además, me escribo cartas y las escondo debajo de mi almohada. Siempre las descubro rápidamente. Ayer me escribí una carta sin ponerle mi firma. Soy tan astuto que reconocí mi letra y supe que era yo, así que me contesté. No sé si alguien más será capaz de responder cartas anónimas.

Cada noche, cuando me acuesto, rezo y le doy gracias a Dios por haberme hecho

a mí junto conmigo. ¡Qué sabio es Él! Con razón es Dios. Hace todo bien.

Mientras duermo, me echo mucho de menos, pero ¡ay, qué alivio despertar por la mañana y volver a encontrarme!

Amigo imaginario versus monstruos de la noche

Hoy por la mañana me dediqué a dibujar en mi jardín. Hice un retrato de mí mismo. Lo pinté con todos mis lápices de colores. Me quedó tan lindo que tuve que felicitarme y me di un fuerte abrazo.

Estaba acariciándome cuando vi que una niña me miraba desde el jardín de al lado. Se había asomado por encima de la valla. Me dijo:

—Yo también tengo un amigo imaginario.

Le contesté:

—¿Qué es eso de amigo imaginario?

Entonces esa niña me dijo:

—Al que estás abrazando.

Yo le expliqué:

—No estoy abrazando a ningún amigo imaginario. Me estoy felicitando a mí por lo fantástico que me quedó mi autorretrato.

—¿Y no tienes un amigo imaginario? —me preguntó.

—No —le dije yo a esa niña—. ¿Para qué sirve?

—Para tener compañía.

—¡Ah! —dije yo—. Entonces no lo necesito, porque me tengo a mí.

Ella se quedó callada mirándome. Después dijo:

—También sirve para defenderse de los monstruos de la noche.

—¿Qué monstruos de la noche? —le pregunté a esa niña.

—Los que aparecen cuando oscurece. A mi habitación van muy a menudo y yo les tengo miedo. Me despierto asustada y mi amigo imaginario me defiende.

Me dio pena que ella tuviese que compartir su habitación con los monstruos y más encima con el famoso amigo imaginario. ¡Cuánto trabajo! Yo no tendría espacio para tanta gente en mi dormitorio; en mi cama quepo yo solo, mis muebles ya están llenos con mi ropa y mis estanterías apenas alcanzan para mis propios juguetes.

Hay otro detalle muy importante: yo duermo conmigo, en cambio esa niña no. Quizás por eso tiene miedo. Me pareció muy valiente que alguien se atreva a estar sin mí. Probablemente los monstruos de la noche y el amigo imaginario también se sentían solos y tenían terror y horror. Le dije:

—Sois muy valientes.

—¿Por qué? —me preguntó esa niña.

—Por pasar la noche solos, los monstruos, tu amigo imaginario y tú.

Parece que esa niña no me entendió, porque puso una cara extraña. Como soy muy educado, decidí cambiar de conversación:

—¿Y cómo es tu amigo imaginario? —le pregunté.

—Es muy fuerte, audaz y además es cariñoso conmigo.

—¿Pero cómo es por fuera? ¿Alto, bajo, gordo, flaco, viejo, joven?

—Es normal.

Esa niña es una niña de muy pocas palabras; ya se me estaba acabando la paciencia.

—¿Y qué significa «normal»? Normal podría ser que midiera un centímetro y que pesara como mil kilos y que tuviese doscientos años y que fuera verde.

—No es verde —reclamó esa niña—. Es más o menos de mi mismo porte, no es gordo ni tampoco flaco y tiene mi edad.

—¿Y de qué color es?

—No sé, color piel supongo.

Yo no sé cuál es el color piel, porque depende de qué color tenga uno la piel. También la piel cambia de color si es verano y uno se pone al sol y se pone tostado o si es invierno y entonces es más blanca. Por otro lado, cuando yo me enfado mi cara se pone colorada y cuando estoy mucho rato en la piscina me pongo medio azul.

Me pareció aburrido que el amigo imaginario de esa niña fuese tan común y corriente, por eso le dije:

—Ahora me tengo que ir.

—¿Por qué tan pronto?

—Porque tengo una reunión —le contesté.

—¿Con quién?

—¿Cómo «con quién»? —le dije a esa niña—. ¡Conmigo mismo! ¿Con quién más podría ser?

Si te lo propones, practicas y te esfuerzas

Durante el almuerzo pensé en lo que esa niña me había dicho acerca de los monstruos de la noche y de su amigo imaginario.

Decidí inventarme un amigo imaginario para probar. Este sería mi amigo imaginario. Si me resultaba entretenido, quizás también me inventaría unos cuantos monstruos de la noche.

Esos serían mis monstruos.

Mi amigo imaginario debía ser más original que el de esa niña, por eso se me ocurrió la siguiente receta:

AMIGO IMAGINARIO MÍO.

CÓMO ES: mide dos metros de alto, es morado con el pelo amarillo, tiene bigote, es flaco y se puede enrollar para guardarlo.

EDAD: tiene cien años, pero se ve joven, aunque mayor que el amigo imaginario de esa niña.

Después del postre llevé a mi amigo imaginario recién inventado a jugar conmigo a mi habitación. Me senté en el suelo y esperé a que hiciera algo divertido, pero no pasó nada. Quizás él quería entretenerse con mis juguetes, pero lamentablemente yo justo los estaba utilizando todos. Qué mala suerte. Además, aunque no los estuviera usando en ese momento, no se los podría prestar porque me los regalaron a mí y entonces son míos. No quiero ser un niño desagradecido.

Cuando me aburrí de jugar dentro de mi casa, saqué a mi amigo imaginario al jardín. Lo puse en la portería y le tiré un penalti. Yo le pegué un chute a la pelota y metí un golazo. Después tiré varios penaltis más y todos fueron goles. Parece que mi amigo imaginario no es muy buen portero, porque no paró ni una sola vez la pelota.

¡No! ¡Ya sé! Él es excelente como portero, lo que pasa es que yo soy mejor delantero.

Yo estaba tan emocionado que cuando la chuté de nuevo, en vez de ser gol, salió disparada por encima del muro y cayó en el jardín de al lado. Seguramente la pelota aterrizó en la cabeza de esa niña, porque escuché:

—¡Ay!

Me asomé por encima del muro y vi que esa niña estaba sentada en la hierba.

—¿Estás jugando con tu amigo imaginario? —yo le pregunté.

—Estaba, pero me cayó tu pelota de fútbol en la cabeza.

—Eso es bueno —le dije—, así te ayudo a practicar los cabezazos.

—Pero no vi que la pelota venía —dijo, con una mano en la frente.

—¡Mejor! Un buen jugador está siempre preparado.

—Pero me dolió un poco.

—¡Mejor aún! Un deportista de verdad aguanta el dolor.

—¿En serio?

—¡Por supuesto!

—Bueno, entonces... gracias —me dijo esa niña.

—Escúchame, niña. Si te lo propones, practicas y te esfuerzas, puedes llegar a ser una estupenda delantera —le expliqué y pensé: «aunque nunca tan fabulosa como yo».

—Está bien. Si tú lo dices.

—Exactamente. Yo lo digo. Lo has entendido perfectamente.

Esa niña podría aprender mucho de mí. Sería bueno para ella imitarme. Lo pasaría mejor. De todas formas, mejor que jugando sola. O quizás estaba con su amigo imaginario como ella decía, pero en todo caso no se veía tan feliz como yo. Tal vez su amigo imaginario era tan aburrido como el mío.

—¿A qué cosas juegas con tu amigo imaginario? —le pregunté.

—A todo.

—¿Cómo «a todo»?

—Jugamos a la pastelería, en donde hacemos tortas con tierra del jardín. También jugamos a la tienda de ropa usada.

—¿Usada por quién?

—Usada por mí.

—¿Y no juegas con otros niños?

—No.

—¿Cómo «no»? ¿Qué, no tienes amigos verdaderos?

—No muchos.

—¿Cuántos?

—Ninguno.

—¿Ninguno? Eso es muy poco.

Me quedé pensando. Esa niña debe sentirse muy sola, a pesar de que su mamá la quiere y su papá también.

—¿Sabes? —le dije—. Te regalo a mi amigo imaginario.

—¿Qué? —me dijo, de nuevo con cara de sorpresa.

—Sí, te regalo a mi amigo imaginario. Tiene muy poco uso. Lo inventé a la hora del almuerzo.

—Muchas gracias.

—De nada. Espero que te sirva.

Qué generoso estoy últimamente. Esa niña se veía más contenta ahora. Regalarle mi amigo imaginario fue un magnífico negocio, porque ya me tenía cansado. Por si fuera poco, se me ocurrió una idea fenomenal:

—Ahora podéis jugar los tres. Por ejemplo: a saltar la cuerda. Tu amigo imaginario sujeta una punta de la cuerda, mi amigo imaginario que te regalé sostiene la otra punta y tú saltas.

—¡Qué entretenido! ¡Gracias! —me dijo esa niña sonriendo.

Esa noche, después de la cena, pensé en lo feliz que se había puesto esa niña cuando le regalé a mi amigo imaginario y eso que no me costó nada inventarlo. Sentí algo extraño, como ganas de regalarle más cosas para que se pusiera contenta de nuevo. También pensé si acaso el amigo imaginario que le di le serviría para espantar a los monstruos de la noche, que tanto la asustaban.

—Mañana la voy a llamar por teléfono para preguntarle —pensé.

Por fin me acordé de nuevo de lo mucho que me quiero a mí mismo. Me di mi beso de buenas noches, recé por mí y me quedé dormido.

Esa niña y yo

Por la mañana temprano desperté a mi mamá para preguntarle el número de teléfono de esa niña. Ella me lo dictó y yo lo marqué.

—¿Hola? ¿Está esa niña en casa? —pregunté.

—¿Quién es esa niña? —me contestó la mamá de esa niña.

Es raro que una mamá no sepa bien quién es su hija. Le expliqué:

—Esa niña que vive al lado mío, igual que usted. Ayer le di mi amigo imaginario que inventé.

—¡Ah! ¡Eres tú! —me dijo la mamá de esa niña—. Hola, lindo. La llamo enseguida, no cuelgues.

—No, no —le dije yo—. Este no es un asunto que se pueda conversar por teléfono. Dígale a esa niña que vaya a su habitación porque yo me voy a subir a mi árbol. Ahí hablaré con ella —y colgué.

La mamá de esa niña debe ser una mujer muy inteligente, porque supo lo lindo que soy sin siquiera verme.

Bajé la escalera de mi casa, salí a mi jardín, subí a mi árbol y me senté en mi rama, frente a la ventana de esa niña.

—¿Te defendió de los monstruos de la noche mi amigo imaginario? —le pregunté.

—El amigo imaginario que me regalaste se fue de viaje junto con el mío.

—¡Qué! —grité yo—. ¿Se fueron los dos?

—Sí —me dijo esa niña—, se hicieron amigos y decidieron irse en un avión.

Yo me tuve que agarrar del tronco de mi árbol para no caerme. Pensé un poco y le dije:

—Tengo una idea. Yo te puedo inventar otros dos amigos imaginarios.

—Ya no los necesito —dijo tranquila.

—¿Y ahora quién te protegerá de los monstruos de la noche? —pregunté asombrado.

—Yo misma. Ayer tú me dijiste que yo era valiente. Por eso me atreví a pasar la

noche sola, es decir, sin mi amigo imaginario.

—Si quieres te puedo inventar un regimiento completo de amigos imaginarios. Todos los que necesites.

—Gracias —me contestó—, pero de verdad que ya no necesito amigos imaginarios que me cuiden. Tú me enseñaste que si me lo propongo, practico y me esfuerzo, puedo lograr muchas cosas. Y me propuse no tenerle miedo a los monstruos de la noche. Entonces me di cuenta de que si yo los había inventado, yo misma los podía hacer desaparecer. De ahora en adelante, no habrá ningún monstruo que me asuste.

—También te puedo inventar monstruos de la noche si quieres —le dije—. Incluso monstruos que funcionen en la noche y en el día también.

—No, pero gracias por tus buenas intenciones.

Permanecimos callados. Yo sentado en la rama de mi árbol y ella asomada por la ventana. Entonces tuve una duda y se la pregunté:

—¿Y ahora con quién vas a jugar?

Ella sonrió y me dijo:

—Con quien he estado jugando todo este tiempo desde ayer.

—¿Quién es ese? —le pregunté.

—¡Tú, por supuesto! —respondió—. Tú eres mi amigo.

—Pero yo no soy imaginario —le expliqué.

—¡Por supuesto que no eres imaginario! ¡Eres real! ¡Mi amigo real!

Esa niña es igual de inteligente que su mamá, porque supo que yo soy de la realeza, que soy un rey.

De nuevo pensé otro rato más y le dije:

—Hay un problema, porque yo ya soy amigo mío.

—Eso está bien —me dijo esa niña—. Puedes ser amigo tuyo y también ser amigo mío.

—¿De verdad? —le pregunté, porque no se me había ocurrido esa posibilidad.

—¡Claro! —dijo—. Tú puedes ser mi amigo si quieres y yo puedo ser tu amiga.

—¿Y tú quieres ser mi amiga? —le pregunté nervioso.

—¡Sí, por favor! ¡Me encantaría! —me dijo muy contenta.

Yo también estaba contento. Estaba feliz y contento porque esa niña prefería estar conmigo que con su amigo imaginario, con el mío que le regalé y con los monstruos.

—Yo quiero ser tu amigo. ¿Puedo?

—Sí, puedes —me contestó.

Pasarlo bien

Esa mañana nos divertimos juntos, esa niña y yo. Fuimos al jardín y jugamos al fútbol con mi pelota. Primero yo me puse en la portería para enseñarle a parar la pelota y después ella fue la portera y yo el delantero. Esa niña es buena jugadora. Paró varios de mis tiros y me metió algunos goles.

Invité a esa niña a mi casa y le presté mis juguetes y mis lápices de colores. Ella dibujó un diploma y me lo dio como premio.

—«Para mi mejor amigo» —decía el diploma.

—¿Amigo real o imaginario? —le pregunté.

—De cualquier tipo —respondió.

Yo me paré y dije el discurso que había ensayado:

—Gracias, gracias. Le doy gracias a esa niña, o sea a ti, por este lindo diploma. Si tú no existieras, yo no podría ser tu mejor amigo. Gracias.

Por la tarde escribimos cartas. Esa niña me escribió una carta a mí. Yo le escribí una a ella. Luego escribimos juntos una para nuestros amigos imaginarios que andaban de viaje. Anotamos sus nombres en el sobre:

Señores

Amigo imaginario de esa niña.

Amigo imaginario mío que le regalé a esa niña.

Como no sabíamos la dirección, pusimos:

Un avión volando alrededor del Mundo.

Y escribimos la carta en una hoja de papel:

Queridos amigos imaginarios:

Ojalá que os lo estéis pasando tan bien como nosotros. No tenemos tiempo para contaros todas las cosas entretenidas que hemos hecho, porque

nos quedan
muchos juegos
por jugar todavía.
Vosotros os lo podréis
imaginar, ¿verdad?
Un gran abrazo para
cada uno de vosotros, de
parte de esa niña y yo.

Después subimos y bajamos mi árbol varias veces. Nos reímos hasta que nos tiramos a la hierba a descansar.

La mamá de esa niña nos invitó a tomar té. Hizo un bizcocho especialmente para nosotros y nos dio zumo de frambuesa y pan con nocilla.

Más tarde se nos ocurrió hacer un álbum de fotos. No teníamos máquina fotográfica, así que hicimos dibujos y los

recortamos como fotos. Esa niña me dibujó chutando la pelota y metiendo un golazo. Yo la dibujé cabeceando la pelota y también metiendo un golazo.

En otra foto salíamos arriba del árbol. Cada uno en una rama.

—Saliste muy valiente en la foto —le dije.

Esa niña miró el dibujo y me preguntó:

—¿De verdad? ¿Tú crees?

—¡Estoy seguro! —dije sonriendo.

Tuvimos la genial idea de dibujar fotos de nuestros amigos imaginarios de viaje en algún lugar del Mundo. Imaginamos que después de bajarse del avión fueron a una playa con mucho sol y palmeras. Los dibujamos nadando y jugando con arena.

—Con estas fotos yo creo que está completo nuestro álbum —dije.

Esa niña se quedó pensando un momento, callada. Entonces me dijo:

—Falta alguien más que quiero poner.

—¿A quién?

—A los monstruos de la noche.

—¿En serio?

—Sí, como ya no les tengo miedo, ahora los encuentro divertidos. Ven a mirar para que los conozcas.

Amigos reales

Yo me acerqué y vi cómo los dibujaba. Uno era como un elefante en miniatura, pero con patas de avestruz. Tenía espalda y cola de dragón y echaba fuego por la trompa. Otro parecía un mono, pero tenía melena de león y alas de murciélago. Además tenía colmillos de vampiro, uno grande al medio y dos chicos a los lados. Había otro monstruo que era igual a una tortuga, ¡pero con dos cabezas! Sus ojos eran saltones, sus dos narices, enormes y se le asomaban los dientes cuando tenía la boca cerrada. Su caparazón era de pelota de fútbol y sus patas, como acordeones, o sea cortas y arrugadas, pero muy largas cuando las estiraba.

—Se ven muy espantosos. Te quedaron muy lindos —la felicité.

—Gracias —me dijo muy contenta.

—¿Estás segura de que quieres ponerlos en el álbum? —le pregunté a esa niña.

—Sí, segura. Ya no les tengo miedo.

Rápidamente esa niña se convirtió en una experta domadora de monstruos. Los está entrenando porque vamos a tener un circo de monstruos amaestrados.

La Acortuga va a entrar rodando hasta el centro de la pista. Ahí saldrán sus dos cabezas y dirán: «¡Respetable público! ¡El gran circo de esa niña y yo les presenta las fantásticas acrobacias de los monstruos de la noche!».

Entonces el Vampimono se pondrá encima del caparazón y la Acortuga estirará sus patas para subirlo al trapecio. Allí se columpiará y de pronto saltará hacia abajo. El Elefantruz soplará por su trompa formando un anillo de fuego.

Justo cuando la gente se asuste, pensando que el Vampimono se va a caer, él pasará volando entre las llamas y aterrizará feliz en el suelo.

Tendremos leche condensada para los niños que vayan a ver el circo. El Vampimono servirá de abridor de latas con su colmillo del medio. Si alguien quiere, el Elefantruz puede cocinar algunos tarros y hacer dulce de leche. La Acortuga será la repartidora, alargando sus patas para todos lados.

Para que sean unos monstruos expertos, esa niña les enseñó a hacer volteretas, los hizo hacer un corro de la patata y más tarde los puso a correr por el jardín. Después de todo ese ejercicio, deben estar muy cansados. Nosotros también de tanto jugar.

—Buenas noches —me dijo.

—Buenas noches. Hasta mañana —le dije yo.

—Mañana podemos invitar a más niñas y niños —dijo esa niña.

—¡Qué buena idea! —dije yo—. Yo les puedo enseñar a jugar al fútbol y tú les puedes enseñar a domar a los monstruos, si es que tienen.

—¡Sí, qué entretenido! —me contestó—. A las niñas y niños los ponemos en nuestro equipo y a sus monstruos los metemos al circo.

Entonces escuché que mi mamá me llamaba. Fui corriendo y cuando llegué a la puerta, paré. Me di cuenta de que en todo este tiempo no se me había ocurrido preguntarle su nombre a esa niña. Entonces le grité:

—¡Se me olvidó preguntarte cómo te llamas!

Ella estaba a punto de entrar en su propia casa. Por suerte alcanzó a oírme.

—¡Yo tampoco sé cómo te llamas tú! —me respondió.

—¡Bueno, pero dime tú primero!

—¡Mañana te cuento! ¡Buenas noches!

¿Qué es eso de «mañana te cuento»?

Esa niña se estaba poniendo muy misteriosa. Yo le iba a decir mi nombre, pero justo ella sonrió, se despidió moviendo el brazo y entró en su propia casa. Me quedé pensando. Voy a tratar de adivinarlo y así le doy una sorpresa. Entonces mi mamá me cogió de la mano y me llevó adentro. Me acarició en la frente y me dio un beso.

—¿Quieres algo para comer? —me preguntó.

—No, gracias, mamá. Quiero dormirme pronto para despertar temprano.

Subí saltando los escalones. Me acosté feliz, pensando en lo bien que lo habíamos pasado. Ya tenía ganas de ver a esa niña de nuevo. Así, cada vez que estemos juntos, vamos a ser mejores amigos. También pensé en cómo serían los nuevos amigos que tendríamos mañana.

«Esos serán amigos verdaderos. Tan verdaderos como esa niña y yo», pensé.

Después me quedé dormido.

Esa niña y yo somos amigos reales.

¡Ay, cuánto me sigo queriendo!

Índice

Mauricio Paredes

Autor

Nació en Santiago (Chile) en 1972. Estudió en la Pontificia Universidad Católica de Chile, donde se tituló como Ingeniero Civil Eléctrico. Ejerció su profesión hasta el año 2001, momento en que decidió seguir su vocación literaria.

Además de escribir, se dedica a la investigación y difusión de la literatura infantil. Es profesor universitario, realiza encuentros y charlas, ha colaborado con el Ministerio de Educación y es presidente de la sección chilena de la Asociación Internacional del Libro Infantil (IBBY).

Si quieres más información, puedes entrar en su página web: www. habiaotravez.com

Aquí acaba este libro
escrito, ilustrado, diseñado, editado, impreso
por personas que aman los libros.
Aquí acaba este libro que tú has leído,
el libro que ya eres.